AF303793

Lorenz Bode

RECHTSGEDANKEN

Bibliografische Information der Deutschen Nationalbibliothek:
Die Deutsche Nationalbibliothek verzeichnet diese Publikation in der
Deutschen Nationalbibliografie; detaillierte bibliografische Daten sind im
Internet über http://dnb.dnb.de abrufbar.

Herstellung und Verlag: BoD – Books on Demand, Norderstedt

ISBN: 978-3-756241149

Der Autor:

Lorenz Bode, Jahrgang 1989, ist Jurist. Er studierte Rechtswissenschaften in Göttingen und Osnabrück. In seiner knappen Freizeit widmet er sich verstärkt dem Schreiben.

Empörung und Strafrecht – ein Kommentar.......................... 10

Die Unschuldsvermutung als Grundpfeiler des Strafrechts 14

Gefängnisse: Reform und Resozialisierung! 17

OLG Hamm: Zur erforderlichen Darlegung des
Vermögensschadens bei Verurteilung wegen Betruges aufgrund
Verheimlichens von Vorschäden beim Gebrauchtwagenkauf .. 21

Böhmermann-Enthüllung:
„Die Polizei ist nicht im Internet, oh nein!" – Eine Draufsicht.. 24

Lebst du noch oder stirbst du schon?
Kurze Gedanken über den Tod im Strafrecht 28

Sie haben das Recht zu schweigen! 31

Eine etwas andere Leseempfehlung:
Jahresbericht zur Verhütung von Folter.............................. 34

Beweisverwertungsverbote und Widerspruchslösung:
Kurze klausurtaktische Hinweise zu BGH, Beschl. v. 6.6.2019 –
StB 14/19.. 37

Digitalisierung in der Justiz: Vergesst den Justizvollzug nicht! 39

Revisited: § 252 StPO und das Erfordernis der sog.
qualifizierten Belehrung 42

Wellensittich in der Sicherungsverwahrung? Zugleich eine
Anmerkung zu LG Regensburg, Beschluss vom 15.2.2022 45

Erst Wellensittich, jetzt E-Mail? Neues vom LG Regensburg .. 51

Der Streit um den Jura-Bachelor:
Worum geht es wirklich? – ein Kommentar 55

Von Katzen und dem Zugang zur Justiz............................... 57

Vorwort

Man muss sich Gedanken machen. Über vieles – auch und gerade über das Recht. Denn welches Recht wir Menschen brauchen, ist Verhandlungssache. Einige meiner Gedanken dazu habe ich aufgeschrieben und sie als Blog- beziehungsweise Onlineartikel zur Verhandlung gestellt. Sie haben für Resonanz gesorgt, haben Zustimmung, aber auch Ablehnung erfahren. Jedenfalls haben sie die Leserinnen und Leser zum Nachdenken angeregt, was mich freut und was ich nunmehr zum Anlass genommen habe, eine (subjektive) Auswahl der Beiträge unter dem Titel „Rechtsgedanken" in Buchform herauszubringen. Dabei sind die ausgewählten Beiträge von ganz unterschiedlicher Art. Ihre Bandbreite reicht von Entscheidungsanmerkungen über Leseempfehlungen und Klausurtipps bis hin zu kriminalpolitischen Statements – mal kurz, mal länger, mal aktuell, mal grundsätzlich. Ich verbinde mit dieser Auswahl zugleich die Hoffnung, dass für jede und jeden etwas dabei ist – freilich ein gewisses Grundinteresse am Recht, insbesondere am Strafrecht, vorausgesetzt. Darüber hinaus war und ist es mir ein Anliegen, rechtliche Themen einem breiteren Publikum zugänglich zu machen und so auch Menschen außerhalb der Jura-Blase mitzunehmen, hin zu einem gesamtgesellschaftlichen Diskurs. Vielleicht klappt es.

Die Beiträge wurden für die erneute Veröffentlichung leicht angepasst. Der Erstveröffentlichungsort ist jeweils am Ende des Beitrags als Link in Klammern angegeben; alle Links wurden letztmalig am 11.7.2022 abgerufen. Herzlich bedanken möchte ich mich bei allen Blog- beziehungsweise Homepage-Betreiberinnen und -Betreibern, die einer Zweitveröffentlichung zugestimmt haben. Viel Vergnügen beim Lesen!

Empörung und Strafrecht – ein Kommentar

Wie schön könnte alles sein, wenn da nicht ständig Dinge wären, über die man sich aufregen muss. Anlass zur Aufregung bieten aktuell vor allem die schrecklichen Ereignisse in der Ukraine, insbesondere die von Russland ausgehenden Aggressionen. Man ist schockiert, empört, hilflos und betroffen. Aber auch wenn man nicht über die Landesgrenzen hinausblickt, bleibt genug Empörendes übrig.

Um bei alldem einen klaren Blick zu behalten, ist es wichtig, zu unterscheiden: Nicht alles, was täglich passiert, ist es wert, dass man sich darüber echauffiert. Und kritisch betrachtet ist nicht alles, was uns als empörendes Faktum präsentiert wird, auch so zu verstehen.

Juristinnen und Juristen streiten gern

Wer dafür Beispiele sucht, braucht sich nur den Juristinnen und Juristen zuwenden. Denn Juristen streiten gern. Empörung, auf wissenschaftlicher Ebene als Meinungsstreit ausgetragen, gehört quasi seit den Studientagen zum Kerngeschäft. Fortwährend und besonders erbittert und empört streiten Juristen sich im sensiblen, weil sanktionsbewährten Bereich des Strafrechts, weil dort das Strafverfolgungsverlangen des Staates und die Freiheitsrechte des Einzelnen in einem Spannungsverhältnis stehen.

In diesem Bewusstsein formulierte Max Alsberg, der berühmteste Strafverteidiger der Weimarer Republik, einst seine bis heute vielzitierten Worte:

„Den hochgemuten, voreiligen Griff nach der Wahrheit hemmen will der Kritizismus des Verteidigers".

Gegen Empörung in Form von sachlicher Kritik, etwa über unhaltbare Zustände in deutschen Gefängnissen, lässt sich nichts einwenden. Vor allem wenn man Strafrechtskritik zugleich als Herrschaftskritik versteht, sollte auf Denkverbote so weit wie möglich verzichtet werden. Dabei ist es ein besonderes Phänomen unserer Zeit, dass strafrechtliche Themen – nicht zuletzt befördert durch poppige Rechtskolumnen oder das Überangebot an sogenannten True-Crime-Formaten – zunehmend auf ein gesamtgesellschaftliches Interesse stoßen. Strafrecht ist hip geworden. Jede beziehungsweise jeder hat inzwischen eine Meinung dazu, wie mit strafrechtlichen Problemen umzugehen ist, und tut diese Meinung ungebremst kund.

Das Spiel mit der Angst

Einerseits ist ein solcher Aufmerksamkeitszuwachs ein Gewinn, denn Strafrecht geht alle an. Umso wichtiger ist es daher, dass Entwicklungen in diesem Bereich auch über Fachkreise hinaus beobachtet und von der Gesellschaft insgesamt kritisch begleitet werden.

Andererseits besteht die Gefahr, dass gerade in strafrechtspolitischen Debatten – gewollt oder ungewollt – die Wahrheit durch Postfaktisches auf der Strecke bleibt, und darunter leidet der rationale Diskurs.

Ein weiteres Problem stellt das sogenannte Spiel mit der Angst dar. Mit Angst lässt sich Empörung innerhalb der Bevölkerung nämlich nicht nur erzeugen, sondern auch steuern. Verängstigten und empörten Menschen können die eigenen Narrative leicht eingeredet werden, wobei das Ganze in der Regel einem einfachen Muster folgt:

Alles wird, so muss man nur behaupten, seit Jahren immer schlimmer und schlimmer: Die Menschen werden krimineller und der Rechtsstaat wird schwächer. Eine Abwärtsspirale. Empörenswerte Vorgänge. Staatlichen Institutionen wird Versagen vorgeworfen.

Und auf dem Höhepunkt dieses populistischen Feuerwerks folgt dann – garniert mit ein paar ausgewählten Sensationsberichten über „Skandalurteile" – meist der vermeintlich erkenntnisreiche Abspann: Für jede und jeden besteht die Gefahr, Opfer eines Verbrechens zu werden, das, so die Conclusio, vermeidbar gewesen wäre, wenn man nur rechtzeitig gehandelt hätte.

Empörung als Gefahr und Chance

Übrigens: Auf dieser Folie lässt sich nicht nur leicht für Nachschärfungen im Strafgesetzbuch plädieren, etwa für die Einführung eines „Happy Slapping-Paragraphen" mit einem Mindestmaß von zwei Jahren Freiheitsstrafe (dazu: „Staranwalt fordert Knast für Ohrfeigen-Schläger von Oliver Pocher", https://www.tz.de/, zuletzt abgerufen am 11.7.2022); auch für sogenannte Enthüllungsbücher (vgl. nur Thorsten Schleif, Wo unsere Justiz versagt – Von Messerstechern, Kinderschändern und Polizistenmördern. Ein Richter deckt auf, 2022) ist diese Atmosphäre ein idealer Nährboden.

Um den Bogen zurück zum Anfang zu schlagen: Auch und gerade im Bereich des Strafrechts darf man zu Recht immer wieder empört sein. Diese Empörung darf jedoch nicht dazu führen, dass sich der Blick verstellt. Empörung in Form von sachlicher Kritik ist ebenso wichtig wie der kritische Blick auf die Kritik selbst. Und letztlich ist auch die Tatsache, dass strafrechtliche Themen nunmehr einer breiteren Öffentlichkeit am Herzen liegen, trotz der aufgezeigten Gefahren als Chance zu begreifen. Denn ein lebendiges Strafrecht ist zugleich Ausdruck eines lebendigen Rechtsstaates.

(https://jurios.de/2022/05/13/empoerung-und-strafrecht-ein-kommentar/)

Die Unschuldsvermutung als
Grundpfeiler des Strafrechts

Die Unschuldsvermutung gilt im Strafrecht als Grundprinzip. Das heißt, kein Tatverdächtiger und keine Tatverdächtige muss die eigene Unschuld beweisen. Im Gegenteil: Die Strafverfolger müssen die Schuld, also die persönliche Vorwerfbarkeit der Tat, nachweisen. Man darf die Unschuldsvermutung mit Fug und Recht als eine der großen Errungenschaften des Rechtsstaats bezeichnen. Dabei prägt sie nicht nur das Strafverfahren, sondern sie vermittelt zugleich ein Menschenbild, das von Freiheit und Selbstbestimmung gekennzeichnet ist. Kurzum, die Unschuldsvermutung hat auch gesamtgesellschaftlich eine besondere Bedeutung.

Das Prinzip, dass jemand als unschuldig gilt, solange seine Schuld nicht bewiesen ist, ist richtig und wichtig. Dennoch wird die Unschuldsvermutung immer wieder ignoriert, etwa in Presseberichten über laufende Strafverfahren. Nicht selten wird sie auch für Rechtfertigungen im politischen Raum missbraucht. Es kommt sogar vor, dass auch Strafverfolger – über die zulässigen Durchbrechungsmöglichkeiten hinaus – an diesem Grundprinzip rühren.

Die Unschuldsvermutung wirkt dadurch zunehmend „abgenutzt". Auf den Punkt bringt dies der Jurist und Journalist Heribert Prantl. Er schreibt, dass die Unschuldsvermutung *„zweckentfremdet wird"* und damit auf einem *„Parkplatz der Gerechtigkeit"* landet (https://www.sueddeutsche.de/politik/prantls-politik-auf-dem-parkplatz-der-gerechtigkeit-1.5447067, zuletzt abgerufen am 11.7.2022). Als Beispiel nennt Prantl unter anderem den Fall des ehemaligen österreichischen Bundeskanzlers Sebastian Kurz. In eine ähnliche Richtung zielt eine Äußerung von Thomas Fischer, Rechtsanwalt und Bundesrichter a.D., im Zusammenhang mit der Presseberichterstattung über das Ermittlungsverfahren gegen den Ex-Fußballer Christoph Metzelder: Die Verwendung der Unschuldsvermutung *„als Beschwörungsformel, mit der man vorgeblich jede noch so wüste Vorverurteilung wieder ins Stadium objektiver Berichterstattung versetzen kann,"* sei *„überaus unehrlich"* (https://www.spiegel.de/panorama/j ustiz/vorwuerfe-gegen-christoph-metzelder-haltet-ein-kolumne-von-thomas-fischer-a-1286383.html, zuletzt abgerufen am 11.7.2022).

Wir sehen: Die Unschuldsvermutung wird täglich angetastet. Sie wird gehandelt und es wird um sie gefeilscht – fast so, als gäbe es die Unschuld portionsweise im Angebot. Man nimmt dieses Prinzip gern in Anspruch, und ein bisschen unschuldig ist doch auch schon etwas. Dabei ist den handelnden Personen oft nicht bewusst, welchen Bärendienst sie dem Rechtsstaat damit erweisen. Sie nehmen dies aber billigend in Kauf.

Im Bereich der Strafverfolgung geht es bei der Unschuldsvermutung weniger um die Grenzen des guten Geschmacks als vielmehr um Recht und Gesetz. Wenn die Staatsanwaltschaft ein Ermittlungsverfahren führt, dann ist das die Erfüllung einer Dienstpflicht. Dazu kann es auch erforderlich sein, das Prinzip der Unschuldsvermutung zu durchbrechen, etwa beim Antrag auf Erlass eines Haftbefehls. Die Strafprozessordnung bietet solche Möglichkeiten. Dabei ist jedoch stets zu bedenken, dass nicht alles, was gesetzlich möglich ist, im Einzelfall auch rechtlich zulässig geschweige denn notwendig ist. Besonders hervorzuheben sind in dieser Hinsicht Festnahme- und Vernehmungssituationen.

Wachsamkeit ist aber auch geboten, wenn es um die Pressearbeit der Polizei und der Staatsanwaltschaften geht. Denn gemessen an den Vorgaben des Bundesgerichtshofs (Lesetipp: BGH, NJW 2016, 3670) liegen hier die Hürden für die Annahme eines Verstoßes gegen die Unschuldsvermutung hoch. Für die Betroffenen ist damit meist die Gefahr einer Vorverurteilung verbunden.

Festzuhalten bleibt: Die Unschuldsvermutung ist uns lieb und teuer. Sie ist zum Schutze aller da, aber dieser Schutz ist keineswegs immer so robust, wie er sein sollte. Die Unschuldsvermutung ist jedoch nicht verhandelbar. Und das soll auch so bleiben.

(https://www.strafakte.de/kommentar/unschuldsvermutung-grundpfeiler-strafrecht/)

Gefängnisse: Reform und Resozialisierung!

Dunkel, dreckig, eng, einsam, brutal, baufällig, abgeschottet, alt, überfüllt, übermächtig – so können Gefängnisse sein.

Wer Gefängnisse ausschließlich als Orte der Bestrafung versteht, den werden all diese Attribute kaum beunruhigen. Die Vorstellung von einem Straftäter, der im Kerker bei Wasser und Brot zur Vernunft kommt, hält sich hartnäckig. Nicht wenigen ist es deshalb immer noch recht, wenn Gefangene ihre Freiheitsstrafe unter Bedingungen verbüßen, die weitgehend mittelalterlichen Charakter haben.

Resozialisierungsgebot für den Strafvollzug

Dabei steht diese Vorstellung nicht nur im offenen Widerspruch zu den Vorgaben der Landesstrafvollzugsgesetze. Auch aus dem Grundgesetz, namentlich aus Artikel 2 Absatz 1 in Verbindung mit Artikel 1 Absatz 1, lässt sich, wie das Bundesverfassungsgericht 1973 in seiner berühmten Lebach-Entscheidung klargestellt hat, ein Resozialisierungsgebot ableiten. Das bedeutet: Unser Strafvollzug hat die Wiedereingliederung der Gefangenen in die Gesellschaft zum Ziel; für Vergeltung und Sühne ist kein Platz.

Klar ist aber auch: Es handelt sich um ein ambitioniertes Ziel. Denn unsere Gesellschaft befindet sich in einem ständigen Wandel. Zugleich ist jeder beziehungsweise jede Gefangene anders, und ein wirksames Resozialisierungskonzept muss nicht nur diese Punkte, sondern stets auch die Sicherheit der Bevölkerung im Auge behalten.

Trotzdem gibt es bereits Stimmen, die eine Abschaffung der Gefängnisse in ihrer bisherigen Form fordern. Ein prominenter Vertreter dieser Ansicht ist der Jurist und ehemalige Gefängnisdirektor Thomas Galli. Er weist in seinem 2020 erschienenen Buch „Weggesperrt – Warum Gefängnisse niemandem nützen" mit Nachdruck auf die Ineffektivität des Systems Gefängnis hin. Für viele mag die Abschaffung der Gefängnisse nach Utopie klingen. Doch eines hat Gallis Buch jedenfalls gezeigt: Es besteht Reformbedarf, innerhalb wie außerhalb der Gefängnismauern, im Ganzen wie im Detail, jetzt und in Zukunft.

Gefängnisse hinken hinterher

Bestes Beispiel ist die Digitalisierung. Nicht wenige Gefängnisse hinken diesbezüglich hinterher. So ist weder die notwendige Technik noch der Wille bei den Verantwortlichen vorhanden, auch Gefangene in einem angemessenen Umfang am Fortschritt der Digitalisierung teilhaben zu lassen.

Ein Reformstau besteht auch bei der Gefangenenarbeit. Eine (im Verhältnis zur Außenwelt) faire Entlohnung der Gefangenen für ihre Arbeit findet nicht statt. Die Gefangenen arbeiten zumeist weit unter dem Mindestlohn. In vielen Bundesländern besteht zudem eine Arbeitspflicht.

Zugegeben, angesichts dieser Beispiele mag man auf den Gedanken kommen, dass es auch außerhalb der Gefängnismauern Menschen mit ähnlichen Problemen gibt. Menschen also, die keinen ausreichenden Zugang zu moderner Technik haben oder die nicht angemessen für ihre Arbeit entlohnt werden.

Es wäre jedoch zynisch, dies als Argument gegen Reformen im Strafvollzug zu verwenden. Denn schon die Ausgangssituation der Gefangenen ist eine andere (wem das zu abstrakt klingt, der möge sich – was bereits vorgeschlagen wurde – als kleines Gefangenen-Selbstexperiment mit Proviant ein Wochenende lang im Badezimmer, maximal 10 qm, einschließen).

Gefängnisse als Teil unserer Gesellschaft

Wenn man die bisherigen Entwicklungen in deutschen Gefängnissen kritisch betrachtet, dann zeigt sich, dass die Landesjustizverwaltungen typischerweise wenig reformfreudig sind. Es überwiegen Sicherheitsbedenken, und die Themen Strafvollzug und Gefängnis gelten (kriminal-)politisch als unpopulär und als nicht prestigeträchtig.

So verwundert es kaum, dass Reformen zumeist erst dann erfolgen, wenn sie von den Gerichten, allen voran vom Bundesverfassungsgericht, angemahnt werden.

Damit sollten wir uns indes nicht begnügen. Vielmehr sollten wir, um Vollzugshardlinern und Reformverweigerern nicht das Feld zu überlassen, Gefängnisse als das begreifen, was sie sind: ein Teil unserer Gesellschaft.

Deshalb ist Hinschauen angesagt. Dazu gehört es auch, den Blick dafür zu schärfen, dass Gefangene nicht allein und durch möglichst harte und inhumane Vollzugsbedingungen den Weg zurück in die Gesellschaft finden. Wir müssen uns bewusst machen, dass ihr Weg auch mit Scheitern verbunden sein kann, er aber schon dann jede Aussicht auf Erfolg verloren hat, wenn wir als

Gesellschaft nicht auch bereit sind, Sicherheitsrisiken einzugehen, indem wir den Gefangenen gewisse Freiheiten zugestehen.

(https://jurios.de/2022/05/28/gefaengnisse-reform-und-resozialisierung/)

OLG Hamm: Zur erforderlichen Darlegung des Vermögensschadens bei Verurteilung wegen Betruges aufgrund Verheimlichens von Vorschäden beim Gebrauchtwagenkauf

Die spannendsten Geschichten schreibt bekanntlich das Leben. Auch gerichtliche Entscheidungen sind letztlich nichts anderes als geronnenes Leben, aufbereitet und beurteilt als juristischer Sachverhalt. Spannend sind sie allerdings, zumindest für Juristinnen und Juristen, nur dann, wenn es in den Verfahren um für die Rechtspraxis oder -ausbildung bedeutsame Rechtsfragen geht.

Der Beschluss des OLG Hamm vom 7.4.2022 – 5 RVs 35/22 (= BeckRS 2022, 8093) ist insofern in doppelter Hinsicht spannend. Es ging in dem Strafverfahren – kurz gesagt – um einen Gebrauchtwagenverkauf, bei dem vom Verkäufer einige Vorschäden verschwiegen worden waren. Er wurde daraufhin strafrechtlich belangt und sowohl vom AG als auch – auf die Berufung hin – vom LG wegen Betruges zu einer Geldstrafe verurteilt. Dagegen wandte sich der Verkäufer (als Angeklagter) mit der Revision an das OLG Hamm – mit einem für ihn erfreulichen Ergebnis: Das OLG hob das (Berufungs-)Urteil des LG auf und verwies die Sache an eine andere Kammer des LG zurück. So viel zum Prozessverlauf.

Materiell-rechtlich betrachtet hält die Entscheidung einen für die Ausbildung und Praxis gleichermaßen spannenden Aspekt bereit. Denn das OLG (aaO, Rn. 7) schließt sich den Ausführungen der Generalstaatsanwaltschaft an und betont, dass der Betrug *„kein bloßes Vergehen gegen die Wahrheit und das Vertrauen im Geschäftsverkehr"* ist, *„sondern eine Vermögensstraftat"*.

Demgemäß sei für die Schadensbewertung *„grundsätzlich die objektive Sicht eines sachlichen Beurteilers maßgebend, die sich nicht an der Schadensbewertung des Getäuschten, sondern an den Marktverhältnissen auszurichten hat"*.

Weiter heißt es: *„Für einen Vermögensschaden reicht es nicht aus, dass der Käufer ohne die Täuschung durch den Verkäufer den Vertrag nicht abgeschlossen hätte. Durch den Betrugstatbestand wird lediglich das Vermögen, nicht aber die Verfügungsfreiheit geschützt."*

Die Ausführungen des OLG überzeugen. Schon wegen des Wortlauts von § 263 Absatz 1 StGB (*„das Vermögen eines anderen dadurch beschädigt"*) kann es nicht sein, dass sich eine Verurteilung wegen Betrugs auf die bloße Feststellung von Unwahrheiten stützt. Würde man dies anders sehen, so wäre zu befürchten, dass der Deliktscharakter der Strafrechtsnorm überdehnt wird, nämlich weg von einem Erfolgsdelikt hin zu einem bloßen Gefährdungsdelikt (Lorenz, FD-StrafR 2022, 448468).

Der geprellte Käufer wird insoweit nicht schutzlos gestellt. Denn ihm steht neben dem Schutz durch das Strafrecht auch der Zivilrechtsweg offen.

Abschließend ein Hinweis zur Bedeutung der Entscheidung für die Ausbildung: Bekanntermaßen gehört das Justizprüfungsamt beim OLG Hamm zu den bundesweit eifrigsten Produzenten von Examensklausuren. Klausuren von dort gelangen im sogenannten Ringtausch der Bundesländer auch über die

Landesgrenzen von Nordrhein-Westfalen hinaus zum Einsatz. Wenn es sich bei diesem Beschluss also nicht nur um eine Entscheidung handelt, die hervorragend als Tatkomplex in einer Strafrechtsklausur dienen kann, sondern auch um ein Judikat, das direkt vom OLG Hamm stammt, dann ist höchste Aufmerksamkeit geboten.

Hinzu kommt, dass Klausurerstellerinnen und Klausurersteller – besonders im zweiten Examen – oftmals auf Fälle aus der Rechtsprechung zurückgreifen.

Insofern ist auf den Aktendeckeln bei den Gerichten und Staatsanwaltschaften zumeist ein eigenes Ankreuz-Feld vorgesehen, um geeignete Akten nach Abschluss dem Prüfungsamt vorzulegen. Die Rechtsprechung regelmäßig im Blick zu behalten, lohnt sich also doppelt: für den Autokauf und fürs Examen.

(http://www.juraexamen.info/olg-hamm-zur-erforderlichen-darlegung-des-vermoegensschadens-bei-verurteilung-wegen-betruges-aufgrund-verheimlichens-von-vorschaeden-beim-gebrauchtwagenkauf/)

Böhmermann-Enthüllung: „Die Polizei ist nicht im Internet, oh nein!" – Eine Draufsicht

Er hat es wieder getan: Jan Böhmermann, Entertainer und Satiriker, hat in der aktuellen Ausgabe des „ZDF Magazin Royal" eine neue Enthüllung gestartet. Diesmal ging es um das Thema Hasskriminalität im Internet.

Böhmermanns Team hatte in allen Bundesländern bei der Polizei dieselben Hasspostings angezeigt. Unter anderem ein Bild mit Hakenkreuz und „schwarzer Sonne" sowie ausländerfeindliche Kommentare. Die einzelnen Ermittlungsverläufe samt Ergebnis gab Böhmermann in seiner Sendung bekannt, was für großes Aufsehen sorgte. Denn die Polizei hatte sich sichtlich schwer getan mit den Ermittlungen gegen die Hater – von Erfolgen gar nicht zu sprechen.

Inzwischen laufen, wie Presseberichten zu entnehmen ist, in einigen Bundesländern sogar Verfahren wegen Strafvereitelung im Amt. Unter anderem gegen diejenigen Polizisten, die eine Anzeigenaufnahme schlicht verweigert hatten. Abseits aller Empörung bietet die Böhmermann'sche Enthüllungsgeschichte Anlass für drei Anmerkungen aus strafrechtspraktischer Perspektive:

Polizei ist für Gefahrenabwehr zuständig

1. Eine echte Ungeheuerlichkeit ist das Ganze, möchte man meinen. Ist doch die Polizei gerade dazu da, Bürgerinnen und Bürger vor Straftaten zu schützen. Dabei gerät jedoch leicht aus dem Blick, dass die Polizei (gemeint sind hier die Polizeien von Bund und Ländern) sich in erster Linie um Gefahrenabwehr

kümmert. So steht es in den jeweiligen Polizeigesetzen, etwa in § 1 I 1 PolG NRW, wo es unter der Überschrift *„Aufgaben der Polizei"* heißt:

„Die Polizei hat die Aufgabe, Gefahren für die öffentliche Sicherheit oder Ordnung abzuwehren (Gefahrenabwehr). "

Das ist keine Entschuldigung oder Ausrede. Es verdeutlicht nur, dass die Strafverfolgung, um die es auch Böhmermann geht, nicht die Kernaufgabe der Polizei, sondern die der Staatsanwaltschaften ist (vgl. § 152 II StPO sowie § 160 I StPO). Unter deren Federführung werden Polizistinnen und Polizisten zwar auch bei der Strafverfolgung als sogenannte Ermittlungspersonen der Staatsanwaltschaft (vgl. § 163 III StPO) tätig. Die Verfahrenshoheit liegt jedoch bei der zuständigen Dezernentin beziehungsweise dem zuständigen Dezernenten der Staatsanwaltschaft.

Ist unsere Polizei überlastet oder faul?

2. Böhmermann zeigt sich angesichts der Dauer der Ermittlungen schockiert. Auch nach mehreren Monaten seien die Ermittlungen nicht abgeschlossen. Faul, unfähig oder einfach nur überlastet? Was ist los? Antwort: Wir wissen es nicht. Der Umstand allein, dass die Ermittlungen mehrere Monate andauern, ist kein sicherer Beleg dafür, dass Vermutungen der genannten Art zuträfen. Im Gegenteil. Im Falle von Internetkriminalität liegt man damit oft falsch. Denn die Ermittlungen können schnell um den ganzen Erdball reichen. Insbesondere dann, wenn sich die Server der betroffenen Plattformbetreiber im Ausland befinden und Ermittlungen nur im Wege der internationalen Rechtshilfe vorankommen können. Hinzu kommt, dass bestimmte Ermittlungsmaßnahmen, etwa die Erhebung von Verkehrsdaten nach § 100g StPO, einem sogenannten

Richtervorbehalt unterliegen. In diesen Fällen muss zunächst regelmäßig ein Beschluss der Ermittlungsrichterin beziehungsweise des Ermittlungsrichters erwirkt werden.

Einstellung der Ermittlungsverfahren?

3. In einigen Bundesländern wurden die Verfahren eingestellt, weil ein Täter oder eine Täterin nicht ermittelt werden konnte. Auch hiermit war Böhmermann nicht einverstanden. Solche Verfahrenseinstellungen richten sich nach § 170 II StPO. Dazu berechtigt sind – siehe oben – ausschließlich die Staatsanwaltschaften. Verfahrens-einstellungen mögen unbefriedigend sein. Sie sind jedoch, aufs Ganze gesehen, keineswegs ungewöhnlich, sondern sie gehören zum Ermittlungsalltag. Zudem ist keine Anzeigeerstatterin und kein Anzeigeerstatter gezwungen, eine Verfahrenseinstellung nach § 170 II StPO hinzunehmen. Zwar kann es sein, dass eine förmliche Beschwerde nach § 172 I StPO gegen den sogenannten Einstellungsbescheid (§ 171 StPO) ausgeschlossen ist. Es steht aber jedenfalls der Weg über die Dienstaufsicht offen. Hierbei gilt der alte Merksatz: „Bis zum General kommen sie immer". Er bedeutet, dass auch im Wege einer sachlichen Dienstaufsichtsbeschwerde die Einstellungsentscheidung dem oder der Vorgesetzen zur Prüfung vorgelegt werden muss (vgl. § 147 Nummer 3 GVG).

Offensichtliche Mängel bei der Strafverfolgung

Das große Verdienst von Böhmermann ist es, dass er offensichtliche Mängel bei der Strafverfolgung aufgedeckt hat. Ob diese Mängel allein dem Phänomenbereich Hasskriminalität im Internet geschuldet sind, wird noch zu klären sein.

Jedenfalls ist es ein für Bürgerinnen und Bürger unerträglicher Umstand mitzuerleben, dass ihren Strafverfolgungsersuchen nicht nachgegangen wird.

(https://jurios.de/2022/06/03/boehmermann-enthuellung-die-polizei-ist-nicht-im-internet-oh-nein-eine-draufsicht/)

Lebst du noch oder stirbst du schon?
Kurze Gedanken über den Tod im Strafrecht

Der Titel dieses Beitrags ist die – zugegebenermaßen etwas makabre – Abwandlung eines Werbespruchs, der sich bei vielen hartnäckig im Kopf halten dürfte. Ähnlich hartnäckig scheint sich die aus Krimis wie auch aus Strafrechtsklausuren bekannte Vorstellung zu halten, dass der menschliche Tod stets ein leicht feststellbarer Umstand sei. In strafrechtlichen Anfängerklausuren heißt es dazu meist schlicht: „A verstarb wenig später", oder: „B erlitt eine tödliche Verletzung", und in Krimis erscheint der Tod oftmals als ein statisches Element am Beginn der Geschichte, wenn der Kommissar oder die Kommissarin mitleidvoll den Tatort samt blasser Leiche besichtigt.

So einfach verhält es sich mit dem Tod im echten Leben und vor allem in der Strafrechtspraxis jedoch nicht. Denn auf die Frage, ab wann der Mensch als tot gilt und damit der Anwendungsbereich bestimmter Straftatbestände eröffnet oder ausgeschlossen ist, gibt es im Gesetz keine klare Antwort. Das ist bedauerlich, und man wundert sich, wie es sein kann, dass ein neben dem Beginn des menschlichen Lebens so bedeutendes Ereignis nicht bereits an prominenter Stelle im Allgemeinen Teil des Strafgesetzbuches (StGB) geregelt ist.

Eine unter Juristinnen und Juristen beliebte Legaldefinition, ähnlich denen in § 11 StGB, wäre großartig. Aber nein, zum Todeszeitpunkt lässt sich nichts finden. Auch eine Durchsicht der Straftatbestände, die das menschliche Leben schützen sollen, insbesondere § 211 StGB (Mord) und § 212 StGB (Totschlag), liefert insofern wenig Erhellendes, denn der Tod eines Menschen wird dort bereits vorausgesetzt.

Auf den Hirntod kommt es an

Freilich hilft, wie so oft bei kniffeligen juristischen Fragen, der Griff zum Kommentar. Dort liest man, hier im „MüKo" (4. Aufl. 2021) von Schneider unter Randnummer 15 der Vorbemerkung zu den §§ 211ff StGB, Folgendes:

„Das strafrechtliche Schrifttum zeigte sich den die Diskussion zentral mitbestimmenden Bedürfnissen der Transplantations-medizin gegenüber aufgeschlossen und reagierte hierauf mit der Vorverlagerung des strafrechtlichen Todeszeitpunkts auf den Hirntod."

Nach der überwiegenden Auffassung in der Rechtslehre – und, so viel sei ergänzt, auch in der Rechtsprechung – markiert der sogenannte Hirntod den Todeszeitpunkt des Menschen. Wie das Zitat ebenfalls zeigt, hat man sich bei der Wahl des Zeitpunktes eng an den medizinischen Entwicklungen orientiert, insbesondere mit Blick auf die Transplantationsmedizin. Dabei wird der Hirntod – so heißt es unter Randnummer 16 (aaO) weiter – definiert als *„Zustand der erloschenen Gesamtfunktion des Großhirns, Kleinhirns und des Hirnstamms bei künstlich aufrechterhaltener Herz-Kreislauffunktion (Gesamthirntod)"*.

Passend dazu findet sich in Randnummer 17 (aaO) noch der Hinweis auf das Transplantationsgesetz (TPG). Darin werden in § 3 Absatz 2 Nummer 2 ebendiese Kriterien aufgegriffen und die vorherige Entnahme von Organen oder Geweben beim Spender für unzulässig erklärt. Damit bietet diese Regelung im TPG einen gesetzlichen Anhaltspunkt dafür, dass der Mensch erst mit Eintritt des Hirntods als tot gilt.

Besser wäre es allerdings, wenn der Gesetzgeber den Juristinnen und Juristen wie auch den Medizinerinnen und Medizinern eine eindeutige allgemeine (strafrechtliche) Todesdefinition als sichere Arbeitsgrundlage lieferte.

Es gibt kein „lebensunwertes" Leben

Für Krimis und Klausuren im Strafrecht haben diese Überlegungen nur eine marginale Bedeutung, da in deren Rahmen nicht damit zu rechnen ist, dass zwischen hirntoten Personen und solchen unterschieden werden muss, die – makaber gesprochen – ein bisschen mehr oder weniger tot sind. Strafrechtspraktisch kann diese Unterscheidung indes bedeutsam sein.

Schon mit Blick auf die Vorgaben in § 8 Satz 1 StGB, der den Tatzeitpunkt betrifft, muss klar sein, ob sich der Mensch noch im Sterben befindet oder bereits tot ist. Denn der strafrechtliche Lebensschutz ist – wie sich in Randnummer 27 (aaO) nachlesen lässt – ein absoluter.

Das bedeutet: Bis zuletzt genießt der Mensch in vollem Umfang den Schutz des Strafrechts – Begriffe wie „lebensunwert" sind uns dank des Grundgesetzes fremdgeworden (aaO, Rn. 27).

(https://jurios.de/2022/06/10/lebst-du-noch-oder-stirbst-du-schon-kurze-gedanken-ueber-den-tod-im-strafrecht/)

Sie haben das Recht zu schweigen!

Der Hinweis auf das Schweigerecht ist in strafrechtlichen Verfahren zu einer Art Mantra geworden. Und das zu recht. Denn er hat im Strafverfahren eine besondere Bedeutung. Es geht um die Wahrung eines der vornehmsten Beschuldigtenrechte: das Recht, sich nicht zu den Tatvorwürfen zu äußern.

Dieses Recht folgt aus dem Grundsatz, dass niemand gezwungen werden darf, sich selbst zu belasten (Selbstbelastungsfreiheit). Die Strafverfolgungsbehörden müssen über das Schweigerecht oder, anders gewendet, das Aussageverweigerungsrecht sogar belehren, wie sich aus § 136 I S. 2 StPO ergibt.

Wer trotzdem redet, muss sich bewusst sein, dass seine oder ihre Aussagen unmittelbar Gegenstand der Ermittlungen werden. Das bedeutet auch, dass die Strafverfolgungsbehörden aus den Angaben negative Rückschlüsse ziehen können. Schweigen dagegen ist neutral. Schon deshalb betonen Strafverteidigerinnen und Strafverteidiger gebetsmühlenartig, dass Angaben im Ermittlungsverfahren wohlüberlegt sein müssen und dass im Zweifel gilt: Schweigen ist Gold. So viel zur Theorie.

Keine Strafverfolgung um jeden Preis

In der Praxis fällt es den Betroffenen oft schwer, mit der Entscheidung, reden oder doch besser zu schweigen, umzugehen. Das ist verständlich. Denn es liegt in unserer Natur, das eigene Handeln oder gar die eigenen Fehler rechtfertigen zu wollen. Wir wollen uns dem Gegenüber, gerade wenn diese Person geschickt auftritt, erklären, uns ihrer Sympathie versichern oder einfach nur Frust und

Enttäuschung loswerden. Die Strafverfolgungsbehörden sind sich dieses Umstands ebenso bewusst wie die Strafverteidigerinnen und Strafverteidiger, weshalb die erste Vernehmung einer oder eines Beschuldigten nicht selten als Wendepunkt im Ermittlungsverfahren angesehen wird. Dabei ist – trotz allem Eifer – immer auch darauf zu achten, dass Vernehmungsmethoden und Fragetechniken den von der StPO vorgegebenen Rahmen nicht verlassen. Insbesondere § 136a StPO, der unter anderem *„Mißhandlung"* und *„Quälerei"* zu den verbotenen Methoden zählt, bestimmt in dieser Hinsicht klare Grenzen. Kurz gesagt: „Strafverfolgung um jeden Preis" darf es nicht geben.

Anders liegen die Dinge, wenn sich Beschuldigte bewusst und aus freien Stücken dazu entscheiden, sich zu äußern. Auch das ist ihr gutes Recht. Beschuldigte können sogar – wie sich aus § 136 I S. 5 StPO ergibt – einzelne Beweiserhebungen zu ihrer Entlastung bei den Strafverfolgungsbehörden beantragen. Das dient der Sicherung des aus Art. 103 I GG folgenden Anspruchs auf rechtliches Gehör. Ein uneingeschränktes „Recht zur Lüge" existiert indes nach ganz überwiegender Auffassung in Rechtsprechung und Rechtslehre nicht. Der oder die Beschuldigte ist zwar – anders als Zeugen – nicht verpflichtet, die Wahrheit zu sagen. Eine Grenze wird allerdings dort zu ziehen sein, wo es sich um strafbare Angaben, etwa bei falscher Verdächtigung (§ 164 StGB), handelt.

Der Ton macht die Musik – gerade in der Öffentlichkeit

Man findet in der Presse und in den Sozialen Medien immer wieder Beispiele dafür, wie leichtfertig mit dem Schweigerecht umgegangen wird. So etwa von Promis, die – trotz laufender Ermittlungen – weiterhin alles kommentieren, was als Kritik an sie herangetragen wird. Damit durchbrechen diese Personen immer wieder selbst – und vor allem ohne Not – das ihnen zustehende Schweigerecht.

Menschlich betrachtet ist dieses Verhalten verständlich. Aus strafrechtlicher Perspektive erscheint es jedoch wenig sinnvoll. Denn klar ist: Solche Statements und Videobotschaften sind auch den Strafverfolgungsbehörden zugänglich. Dass hinter diesem Verhalten eine ausgefeilte Verteidigungsstrategie steckt, darf häufig schon angesichts der widersprüchlich wirkenden Angaben sowie der überhasteten Art ihrer Verbreitung bezweifelt werden. Hinzu kommt, dass die Wortwahl nicht selten ungeschickt wirkt.

Um nicht missverstanden zu werden: Die StPO schreibt dem oder der Beschuldigten nicht vor, wie er oder sie die Einlassung sprachlich zu gestalten hat. Über Geschmack lässt sich vielmehr streiten. Strafverteidigerinnen und Strafverteidiger wissen aber: Der Ton macht die Musik. Und der kann auch und gerade für eine Einstellungsentscheidung bedeutsam sein, nämlich sofern es sich um eine Einstellung des Verfahrens aus Opportunitätsgründen handelt.

Sicherlich: Es ist nicht einfach, mit einem laufenden Ermittlungsverfahren umzugehen. Der Gesetzgeber aber war sich dieses Problems bewusst und hat nicht zuletzt deshalb ein Schweigerecht für Beschuldigte implementiert. Dieses Recht steht Beschuldigten in jeder Phase des Strafverfahrens zu.

(https://jurios.de/2022/06/26/sie-haben-das-recht-zu-schweigen/)

Eine etwas andere Leseempfehlung:
Jahresbericht zur Verhütung von Folter

Ich möchte heute mit einer ungewöhnlichen Leseempfehlung starten. Der Jahresbericht 2021 der Nationalen Stelle zur Verhütung von Folter liegt vor.

Darin werden, so heißt es im Vorwort (S. 10), die im Rahmen von Besuchen festgestellten *„Gefahren für die Menschenrechte, auch Verletzungen der in Art. 1. Abs. 1 GG geschützten Menschenwürde im Freiheitsentzug",* beschrieben. Der Bericht umfasst den Zeitraum vom 1. Januar 2021 bis zum 31. Dezember 2021. Während dieser Zeit fanden insgesamt 30 Besuche statt, und zwar in *„Alten- und Pflegeheimen, in Gewahrsamseinrichtungen der Bundes- und Landespolizei sowie des Zolls, in Vollzugseinrichtungen der Bundeswehr, im Justizvollzug und in einer Einrichtung der Kinder- und Jugendpsychiatrie [...]. Zudem lag ein besonderer Schwerpunkt der Besuche auf Einrichtungen des Maßregelvollzugs bzw. der forensischen Psychiatrie und auf der Beobachtung von Abschiebungsmaßnahmen"* (S. 15).

Warum sollte man den Bericht lesen? Die Frage ist berechtigt, gerade wenn man beruflich oder privat seine Aufmerksamkeit auf andere Dinge richten muss. Die Antwort ist einfach: um mitreden zu können. Genauer: um teilnehmen zu können an einem Diskurs über die Einhaltung der Grund- und Menschenrechte.

Einhaltung der Grund- und Menschenrechte

Dabei bilden die Grundrechte, so das Bundes-verfassungsgericht (BVerfGE 7, 198, „Lüth-Urteil"), eine *„objektive Werteordnung".* Und diese Werteordnung gilt, auch das sagt das Bundesverfassungsgericht (aaO), für *„alle Bereiche des*

Rechts". So weit, so gut. Man könnte es bei diesen hehren Worten aus Karlsruhe belassen. Man könnte sich ausruhen und hoffen, dass alles gut wird und die Grundrechte wegen dieser besonderen Bedeutung staatlicherseits jederzeit beachtet werden. Doch das wäre realitätsfern. Die Grundrechte, allen voran die Menschenwürde, werden täglich angetastet.

Dabei ist die Intensität der Grundrechtseingriffe auch abhängig von dem konkreten Verhältnis, in dem die Bürgerinnen und Bürger zum Staat stehen. Exemplarisch ausgedrückt: Gefangene müssen mit anderen Beschränkungen umgehen als die Vorstandschefin eines Dax-Konzerns. Dies liegt bereits daran, dass die Bindung von Gefangenen zum Staat – aufgrund des Vollzugsrechtsverhältnisses – eine andere ist.

Klar ist aber auch, dass Gefangene über Art. 1 Abs. 3 GG, der alle staatliche Gewalt, also auch die Vollzugsbehörden, an die Garantien der Grundrechte bindet, weiterhin Grundrechtsträger sind.

Hinzu kommt, dass nach Art. 20 Abs. 3 GG die vollziehende Gewalt (Vollzugsbehörden, aber auch Polizei, Bundeswehr etc.) an Gesetz und Recht gebunden sind, also nicht nur die Grundrechte, sondern auch die Vorgaben der Europäischen Menschenrechtskonvention, die über Art. 25 S. 1 GG im Rang einfachen Bundesrechts stehen, beachten müssen.

Besonderes Gewicht erhält die Forderung nach Einhaltung der Menschenrechte zudem durch Art. 1 Abs. 2 GG, wo ein allgemeines Bekenntnis des „deutschen Volkes" zu den *„unverletzlichen und unveräußerlichen Menschenrechten"* formuliert ist.

Gesellschaftlicher Diskurs notwendig

Wir sehen, es gibt gute Gründe, einen Diskurs über die Einhaltung der Grund- und Menschenrechte auf gesamtgesellschaftlicher Ebene zu führen und die Situation von Menschen näher zu betrachten, zwischen deren Freiheitsrechten und den Eingriffsbefugnissen des Staates ein besonderes Spannungsverhältnis besteht. Denn die betroffenen Rechtspositionen, um die es geht, sind – letztlich – auch unsere. Zugleich lohnt es sich, Berichte wie den der Nationalen Stelle zur Verhütung von Folter aufmerksam zu lesen. Denn er liefert die praktischen Einsichten.

Dazu abschließend noch ein Beispiel:

Im Jahresbericht 2021 werden nicht nur Auswirkungen der Corona-Pandemie auf den Bereich des Justizvollzugs beschrieben, sondern es finden sich auch Empfehlungen für die Zukunft. Den Bereich *„Kontaktmöglichkeiten und Digitalisierung"* betreffend heißt es dort unter anderem: *„Die während der Corona-Pandemie geschaffenen Möglichkeiten digitaler Kommunikation sollen nicht reduziert werden."* (S. 30).

Dabei geht es vor allem um den von Art. 6 Abs. 1 GG beziehungsweise Art. 8 Abs. 1 EMRK geschützten Kontakt zum Ehepartner oder zur Ehepartnerin sowie zur Familie, der zugleich digital sichergestellt werden soll. Auch hier müssen wir uns fragen, welchen Stellenwert diese Rechtsposition für uns hat und inwieweit wir bereit sind hinzunehmen, dass in sie eingegriffen wird.

(https://jurios.de/2022/07/02/eine-etwas-andere-leseempfehlung-jahresbericht-zur-verhuetung-von-folter/)

Beweisverwertungsverbote und Widerspruchslösung: Kurze klausurtaktische Hinweise zu BGH, Beschl. v. 6.6.2019 – StB 14/19

Bei diesem – für die amtliche Entscheidungssammlung BGHSt vorgesehenen – Beschluss handelt es sich um eine sorgsam begründete, höchst examensrelevante Entscheidung, die es verdient, einmal im Volltext gelesen zu werden. Sie betrifft insofern auch einen Aspekt, der in besonderer Weise für Referendare interessant ist:

Der BGH statuiert in einem dem Beschluss vorangestellten Leitsatz die Pflicht, dass Beweisverwertungsverbote im Ermittlungsverfahren *„unabhängig von einem Widerspruch des Beschuldigten von Amts wegen zu beachten"* sind, *„auch wenn der zugrundeliegende Verfahrensmangel eine für ihn disponible Vorschrift betrifft"*.

Diese „Segelanweisung" aus Karlsruhe enthält zugleich eine wichtige Klarstellung für die klausurmäßige Behandlung von Beweisverwertungsverboten mit Widerspruchsobliegenheit. Da Beweisverwertungsverbote im Ermittlungsverfahren – wie der BGH nunmehr ausdrücklich vorgibt – stets *„unabhängig von einem Widerspruch des Beschuldigten"* und *„von Amts wegen"* zu prüfen sind, entfaltet auch die sog. Widerspruchslösung (vgl. nur Meyer-Goßner/Schmitt, StPO, § 136 Rn. 25) in eben jenem Verfahrensstadium noch keine unmittelbare Wirkung.

Dies gilt einerseits mit Blick auf die Frage, ob die Widerspruchslösung nach aktueller Rechtsprechung (jüngst dazu BGH, StV 2018, 772) überhaupt auf den identifizierten Gesetzesverstoß Anwendung findet. Andererseits bleibt ein

Widerspruchserfordernis grundsätzlich sowohl für die staatsanwaltschaftliche Entschließung zur Erhebung der öffentlichen Klage, also im Rahmen der Beurteilung, ob hinreichender Tatverdacht (vgl. §§ 170 Abs. 1, 203 StPO) besteht (vgl. auch BGH, StV 1997, 511), als auch bei der Anordnung einzelner Zwangsmittel unerheblich.

Damit sind wichtige Weichen für die Staatsanwaltsklausur im Examen gestellt, was sich wie folgt auf den Punkt bringen lässt:

- Zur Begründung eines Verwertungsverbots kommt es auf die Beanstandung des Gesetzesverstoßes nicht an.
- Eine derartige Pflicht zur Beanstandung kann erst im Hauptverfahren bestehen.
- Hinweise im Sachverhalt, aus denen sich ergibt, dass der Beschuldigte bzw. sein Verteidiger einer Beweisverwertung rein vorsorglich schon im Ermittlungsverfahren widersprochen hat, müssen keineswegs zwingend zum Anlass genommen werden, eine umfassende Prognose über die (erneute) Widerspruchserklärung in der Hauptverhandlung anzustellen.
- Es genügt jedenfalls (und spart Zeit), im Gutachten auf die höchstrichterlich anerkannte Praxis hinzuweisen, nach der Beweisverwertungsverbote im Ermittlungsverfahren bereits von Amts wegen zu beachten sind.

(http://www.juraexamen.info/beweisverwertungsverbote-und-widerspruchsloesung-kurze-klausurtaktische-hinweise-zu-bgh-beschl-v-6-6-2019-stb-14-19/)

Digitalisierung in der Justiz:
Vergesst den Justizvollzug nicht!

Mit besonderer Aufmerksamkeit hat man die kürzlich in der Deutschen Richterzeitung erschienenen „Zwischenrufe" von Annalena Baerbock (DRiZ 2021, 183), Christian Lindner (DRiZ 2021, 227), Ralph Brinkhaus (DRiZ 2021, 268) und Rolf Mützenich (DRiZ 2021, 269) zur Kenntnis genommen. Sie kommen zur richtigen Zeit. Denn nicht nur die Politik, sondern auch der Bürger spürt, dass sich jetzt, da ein Wendepunkt in der Pandemie erreicht scheint, bei der Digitalisierung in der Justiz etwas ändern muss.

Die „Zwischenrufe" eint der Wille ihrer Verfasser, dass die Justiz mittels eines sogenannten Bund-Länder-Paktes digitaler gemacht werden soll. Als Beispiele für Digitalisierungsmöglichkeiten finden sich in den Beiträgen die bekannten Hinweise auf eine veraltete technische Ausstattung der Gerichte und Staatsanwaltschaften sowie auf die überwiegend analog verlaufenden Hauptverhandlungen. Hinzu tritt die Erkenntnis, dass der Mensch am digitalen Endgerät mit dessen Handhabung vertraut sein muss – Stichwort: Fortbildung der Justizkräfte.

Das alles ist richtig und gut. Es soll weder kritisiert noch soll die Art der Umsetzung, also die konkrete Ausgestaltung eines solchen Digitalpaktes, infrage gestellt werden.

Auffällig ist jedoch, dass, obwohl alle Verfasser die Justiz im Ganzen digitalisieren wollen, sich weder in ihren „Zwischenrufen" noch in den Wahlprogrammen ihrer Bundesparteien konkrete Ausführungen dazu finden, ob und wie sich diese Digitalisierungspläne auf den Justizvollzug auswirken sollen. Das Thema wird ausgespart.

Dabei hat sich die Notwendigkeit der Digitalisierung unter dem Eindruck der Corona-Pandemie auch im Justizvollzug bestätigt. Aus verfassungs- und menschenrechtlicher Sicht (man betrachte nur den Beschluss des Sächsischen Verfassungsgerichtshofs vom 27.6.2019 sowie das Urteil des Europäischen Gerichtshofs für Menschenrechte im Fall Jankovskis vs. Litauen vom 17.1.2017) erscheint die Digitalisierung im Justizvollzug ebenfalls sinnvoll.

Natürlich ließe sich einwenden, dass der Justizvollzug bereits seit 2006 Ländersache ist und damit weder ein Aspekt eines Bundeswahlprogramms noch gar ein Anliegen einer Kanzlerkandidatin oder eines Kanzlerkandidaten sein muss. Und natürlich sind, wenn man die Fortschritte in diesem Bereich betrachtet, einige Bundesländer, so etwa Berlin mit seinem Vorreiterprojekt „Resozialisierung durch Digitalisierung", bereits auf einem beachtenswerten Niveau angelangt.

Zudem mag es sein, dass einem Teil der Bevölkerung die Anstaltssicherheit noch immer wichtiger ist, als Gefangenen moderne Technik zugänglich zu machen.

All das greift jedoch, gerade wenn man offensiv für einen Bund-Länder-Pakt in der Justiz eintritt, argumentativ etwas kurz. Denn wer die Digitalisierung in der Justiz vorantreiben will, sollte den Justizvollzug nicht vergessen. Das bedeutet: Nicht nur die Gefängnisverwaltung muss digitaler, sondern auch dem Bürger in Haft, der, wenn auch unfreiwillig, ebenso Teil der Justizwelt ist, muss Internettechnik schon aus Resozialisierungsgründen zur Verfügung gestellt werden. Da ein solches Vorhaben Zeit braucht und sich nicht ohne Weiteres mit den Sparplänen mancher Bundesländer vereinbaren lassen wird, könnte der Bund auch für diesen Teilbereich finanzielle Unterstützung anbieten und so den Digitalisierungsprozess insgesamt entscheidend beschleunigen.

Um hieraus eine Forderung für den Bundestagswahlkampf zu machen, braucht es allerdings politischen Mut.

(https://strafvollzugsarchiv.de/digitalisierung-in-der-justiz-vergesst-den-justizvollzug-nicht-gastbeitrag-von-lorenz-bode-2)

Revisited: § 252 StPO und das Erfordernis der sog. qualifizierten Belehrung

Nichts Neues, aber – wie diese höchstrichterliche Entscheidung (BGH, Beschl. v. 25.08.2020 – 2 StR 202/20) einmal mehr zeigt – ein echter Klassiker auch in der tatgerichtlichen Praxis: die qualifizierte Belehrung bei § 252 StPO.

1. Dem Sachverhalt nach ging es um die Aussage der Mutter des zu lebenslanger Haft verurteilten Angeklagten. Diese hatte den Angeklagten bei ihrer polizeilichen Vernehmung schwer belastet, sich in der späteren Hauptverhandlung jedoch auf ihr Zeugnisverweigerungsrecht nach § 52 Abs. 1 StPO berufen. Das Gericht ließ sich hiervon nicht beirren und brachte die Mutter durch weiteres Nachhaken („auf Befragen") schließlich dazu, dass sie sich mit der Verwertung ihrer polizeilichen Angaben sowie der Befragung ihres früheren Vernehmungsbeamten einverstanden erklärte.

2. Der BGH stellt klar, dass das Landgericht § 252 StPO missachtet hat. Es hätte die Zeugenaussage der Mutter nicht – auch nicht durch die Vernehmung der Verhörsperson – in die Hauptverhandlung einführen dürfen. Denn, und darin liegt (noch immer) die Krux, aus § 252 StPO folgt, entgegen dem Wortlaut der Vorschrift, ein allgemeines Beweisverwertungsverbot.

Damit ist – so der BGH – neben der Verlesung einer früheren Zeugenaussage auch *„jede andere Verwertung der bei einer nichtrichterlichen Vernehmung gemachten Aussage, insbesondere die Vernehmung von Verhörspersonen"*, in der Hauptverhandlung ausgeschlossen. Wichtig ist zu betonen, dass dies nur für nichtrichterliche Vernehmungen gilt.

Im Falle einer früheren Vernehmung durch den Richter, und sofern dieser den Zeugen nach § 52 Abs. 3 S. 1 StPO ordnungsgemäß belehrt hatte, bleibt die Verwertung der Aussage (durch Vernehmung der richterlichen Verhörsperson) zulässig (BGH, Beschl. v. 15.07.2016 – GSSt 1/16 = BGHSt 61, 221). Diese Differenzierung geht zurück auf den sog. Blutschande-Fall des BGH aus dem Jahr 1952 (Az. 1 StR 341/15 = BGHSt 2, 99).

3. Der einzige „Rettungsanker" bestand für das Schwurgericht darin, das Einverständnis der Mutter zur Verwertung ihrer früheren Angaben einzuholen. Insoweit steht zwar die Geltendmachung des Zeugnisverweigerungsrechts der Zustimmung zur Verwertung bzw. einem isolierten Verzicht auf das Verwertungsverbot nicht entgegen (BGH, Urt. v. 23.09.1999 – 4 StR 189/99 = BGHSt 45, 203). Die Wirksamkeit dieser Zeugenerklärung hängt nach dem Willen des BGH jedoch von einer qualifizierten Belehrung durch das Gericht ab.

Demnach kann ein zeugnisverweigerungsberechtigter Zeuge die Verwertung seiner früheren Angaben nur gestatten, wenn (!) *„er zuvor über die Folgen des Verzichts ausdrücklich belehrt worden ist"*.

Dabei kommt es für die Revision(sklausur) entscheidend darauf an, welchen Inhalt das Hauptverhandlungsprotokoll hat. Denn sowohl bei der gerichtlichen Belehrung wie auch der Erklärung des Zeugen handelt es sich um wesentliche Förmlichkeiten i.S.d. § 273 Abs. 1 StPO, die zu protokollieren sind – andernfalls gelten sie als nicht erfolgt (vgl. § 274 S. 1 StPO).

Vorliegend gelangt der BGH zu dem Ergebnis, dass es an einer qualifizierten Belehrung fehlt. Dazu seziert er die relevanten Passagen des Protokolls und macht deutlich:

„Aus dem Hauptverhandlungsprotokoll ergibt sich, dass die Einverständniserklärung der Zeugin weder auf deren Initiative zurückging noch ‚nach Belehrung' erfolgte, sie sich vielmehr ‚auf Befragen' erklärte. Damit lässt sich dem Protokoll nicht entnehmen, dass die Zeugin hinreichend belehrt worden oder ihr die Tragweite ihrer Erklärung bewusst war."

Kurz gesprochen: qualifizierte Belehrung minus.

4. Die Konsequenz dieser BGH-Entscheidung war: Die Revision des Angeklagten hatte Erfolg. Das Schwurgericht (gem. § 76 Abs. 2 S. 3 Nr. 1 GVG immerhin mit drei Berufsrichtern besetzt) hatte es schlicht versäumt, qualifiziert zu belehren. Der BGH zeigte sich insofern unnachgiebig und war – anders als bei der Vernehmung richterlicher Verhörspersonen (siehe nur Farthofer/Rückert, HRRS 2017, 123 ff. m.w.N.) – nicht bereit, den über § 252 StPO umfassend gewährleisteten Zeugenschutz aufzuweichen.

Für die Revisionspraxis bedeutet dies: Das Hauptverhandlungsprotokoll ist insbesondere mit Blick auf Art und Umfang der dort dokumentierten, tatgerichtlichen Belehrung sorgfältig auszuwerten; es gilt – dem BGH folgend – ein strenger Maßstab; bloßes Befragen stellt jedenfalls keine qualifizierte Belehrung dar.

Zudem kann sich aus Verteidigersicht im Falle des offenkundigen Fehlens einer entsprechenden Belehrung ausnahmsweise auch einmal der Weg über die Sprungrevision (§ 335 StPO) anbieten.

(http://www.juraexamen.info/revisited-%c2%a7-252-stpo-und-das-erfordernis-der-sog-qualifizierten-belehrung/)

Wellensittich in der Sicherungsverwahrung? Zugleich eine Anmerkung zu LG Regensburg, Beschluss vom 15.2.2022

Das Thema „Tierhaltung im Gefängnis" wird von Anstaltsseite bislang standardmäßig restriktiv behandelt. In dieser Hinsicht stärkt ein aktueller Beschluss des LG Regensburg nun auf wohltuende Weise die Rechte von Inhaftierten. Was bedeutet das? Und warum spielen die Grundrechte hierbei eine wichtige Rolle?

Schwierigkeiten der Vollzugskontrolle vor Gericht

Vollzugsrecht findet praktisch statt. Das bedeutet: Vollzugliche Sachverhalte sind lebensnah und facettenreich. Besonders charakteristisch ist jedoch die Unübersichtlichkeit, von der vollzugliche Sachverhalte – bedingt durch die beteiligten Akteure – nicht selten geprägt sind. Damit müssen die Gerichte umgehen. Sie müssen dabei insbesondere die *„Definitionsmacht"* der Anstalt (Johannes Feest) in Bezug auf den Sachverhalt bedenken.

Gleichzeitig müssen sie die Grundrechte im Auge behalten. Denn deren Wirkung reicht über Art. 1 Abs. 3 GG, der alle staatliche Gewalt an ihre Garantien bindet, auch hinter die dicksten Gefängnismauern. Und sie müssen sicherstellen, dass ihre Entscheidungen praktisch umgesetzt werden.

Dass vollzugliche Entscheidungen diesen Herausforderungen immer vollständig gerecht werden, ist keineswegs selbstverständlich, was sich schon an der zunehmenden Kontrolldichte durch das BVerfG zeigt.

Tierhaltung im Gefängnis: Widerstreitende Interessen

Konkret geht es in dem zu besprechenden Beschluss um die Haltung eines Wellensittichs in der Sicherungsverwahrung (LG Regensburg, Beschl. v. 15.2.2022, SR StVK 654/19). Den Antrag gestellt hatte ein 72-jähriger Inhaftierter, der das Tier in seinem knapp 15 Quadratmeter großen Zimmer halten wollte. Betrachtet man das Verfahren zunächst auf grundsätzlicher Ebene, dann muss man sagen: Das Thema „Tierhaltung im Gefängnis" ist nicht neu. Es existieren sogar bereits Studien, etwa die des Kriminologen Hans-Dieter Schwind, der sich unter dem Titel *„Tiere im Strafvollzug"* mit tiergestützten Therapiemaßnahmen in ausgewählten Jugendstrafanstalten befasst und den besonderen Wert von Tieren als therapeutischen Begleitern aufgezeigt hat. Auch Nicole Wolf hat in ihrer 2014 erschienenen Arbeit *„Rückfallprävention durch den Umgang mit Tieren im Strafvollzug der Bundesrepublik Deutschland"* dargelegt, *„welchen Nutzen die Integration von Tieren im Justizvollzug für die Rückfallprävention bietet"*.

Bei den meisten Anstalten ist das Thema dennoch unbeliebt. Dies gilt umso mehr, wenn es darum geht, die individuelle Tierhaltung zur Freizeitbeschäftigung zu gestatten. Denn diese Form der Tierhaltung ist in besonderem Maße dazu geeignet, den Arbeitsaufwand der Bediensteten zu erhöhen – gerade wegen der notwendigen Hygienekontrollen.

Eine gewisse Renitenz auf Anstaltsseite erscheint daher zwar verständlich. Im Ergebnis darf diese Haltung jedoch nicht dazu führen, dass gesetzliche Ansprüche der Inhaftierten in unzulässiger Weise verkürzt werden oder der potenzielle Nutzen einer Tierhaltung hinter Gittern gänzlich ignoriert wird.

Ein positives Signal: Ermessensreduzierung und Grundrechtsabwägung

Die Kammer des LG Regensburg sendet nun ein positives Signal in den Vollzugsalltag, indem sie die Anstalt dazu verpflichtet, dem Antragsteller die Haltung eines auf Krankheiten getesteten Wellensittichs sowie den Besitz des dafür notwendigen Käfigs nebst Ausstattung zu gestatten. Bemerkenswert ist vor allem die Herleitung dieser Gestattungspflicht. Denn das Gericht geht insofern von einem direkten Anspruch des Inhaftierten wegen einer Ermessensreduzierung auf null aus und trifft deshalb eine eigene Sachentscheidung (Rn. 14).

Das ist interessant und bedarf einer näheren rechtsdogmatischen Betrachtung: Ausgangspunkt der gerichtlichen Überlegungen ist Art. 17 BaySvVollzG, der es den Sicherungsverwahrten in Abs. 1 gestattet („dürfen"), ihr Zimmer in angemessenem Umfang mit Gegenständen auszustatten. Zu diesen Gegenständen zählen auch Tiere, wie die Kammer unter Verweis auf die obergerichtliche Rechtsprechung sowie den Gesetzeswortlaut klarstellt (Rn. 15).

Sodann nimmt die Kammer Art. 17 Abs. 2 BaySvVollzG in den Blick, der verschiedene Versagungsgründe aufzählt. Zwar wird Art. 17 Abs. 2 S. 2 Nr. 1 BaySvVollzG in diesem Fall als einschlägig betrachtet mit der Folge, dass die Haltung eines Wellensittichs als Sicherheitsgefährdung im Vollzug gilt. Die Kammer stellt jedoch klar, dass *„nach dem Wortlaut des Art. 17 Abs. 2 BaySvVollzG auch bei Vorliegen eines Versagungsgrundes die Genehmigung oder Versagung einer Sache im Ermessen der Vollzugsbehörde"* steht (Rn. 18). Insoweit habe der Inhaftierte jedenfalls einen Anspruch auf ermessensfehlerfreie Entscheidung. Was dann folgt, ist eine Ermessenskontrolle nach Maßgabe von § 115 Abs. 5 StVollzG.

Die Kammer ist dabei nicht nur der Ansicht, dass der ablehnende Bescheid der Anstalt aufzuheben ist, sondern sie prüft im Anschluss auch, ob eine Abwägung grundrechtlich geschützter Interessen sogar dazu führt, dass die Anstalt, da alles andere ermessensfehlerhaft wäre, nur eine rechtmäßige Entscheidung treffen kann, mithin ob eine Ermessensreduzierung auf null vorliegt. Ein solches Vorgehen ist nur konsequent. Schließlich heißt es in § 115 Abs. 5 StVollzG, dass das Gericht auch prüft, *„ob die Maßnahme oder ihre Ablehnung oder Unterlassung rechtswidrig ist, weil die gesetzlichen Grenzen des Ermessens überschritten sind"*. Gesetzliche Grenzen bilden auch die Grundrechte, weshalb immer auch zu prüfen ist, ob die Anstalt in unzulässiger beziehungsweise unverhältnismäßiger Weise in die Grundrechte des Inhaftierten eingegriffen hat und ob ein solcher Eingriff zu vermeiden gewesen wäre. Bleibt dabei nur *eine* Entscheidung übrig, die einen angemessenen Interessenausgleich sicherstellt und eine rechtswidrige Entscheidung verhindert, dann ist das Ermessen reduziert und nur diese Entscheidung zulässig.

Grundrechtlicher Anknüpfungspunkt ist hier Art. 2 Abs. 1 GG. Denn die allgemeine Handlungsfreiheit umfasst auch das Recht des Inhaftierten auf Vogelhaltung. Dem stehen maßgeblich die Sicherheitsbedürfnisse der Anstalt gegenüber, die in Gestalt von Gesundheitsgefahren für Vollzugsbeamte und Mitverwahrte über Art. 2 Abs. 2 GG ihrerseits grundrechtliche Bedeutung erlangen. Eine Abwägung der Interessenlage fällt zu Ungunsten der Anstalt aus.

Dazu die Kammer:

„Eine Einschränkung des Rechts des Antragsstellers zur Tierhaltung in der Sicherungsverwahrung verletzt diesen in unverhältnismäßiger Weise in seiner allgemeinen Handlungsfreiheit nach Art. 2 Abs. 1 GG, insbesondere im Hinblick auf die verfassungs-rechtlichen Anforderungen an das Abstandsgebot und den Angleichungsgrundsatz" (Rn. 23).

Die *„befürchtete Gesundheitsgefährdung für die Vollzugsbeamten und Mitverwahrte"* bildet insofern keinen ausreichend entgegenstehenden Grund. Denn – und das ist in dieser Ausdrücklichkeit eine echte Novität – es *„handelt sich hierbei lediglich um abstrakte, unwahrscheinliche Gefahren, die auch im Hinblick auf den hohen Wert von Gesundheit und Leben eine Beschneidung der Interessen des Antragsstellers auf einen freiheitsorientierten Vollzug nicht rechtfertigen können. Jedenfalls durch Vorbeugemaßnahmen kann die Entstehung einer Gesundheitsgefahr effektiv ausgeschlossen werden"* (Rn. 29).

Ergebnis: Die Gestattung der Haltung des Wellensittichs bleibt als einzig rechtmäßige Entscheidung übrig.

Wird die richtige Entscheidung halten?

Der Entscheidung ist zuzustimmen. Sie lässt das Vollzugsrecht im positiven Sinne praktisch werden, indem sie den eingangs geschilderten Herausforderungen gerecht wird. Im Klartext bedeutet das: Die Kammer hat, wie es sich gehört, die Sachverhaltsaufklärung ernst und in die eigene Hand genommen, indem sie unter anderem ein schriftliches Veterinärgutachten eingeholt hat.

Darüber hinaus beeindruckt die Entscheidung durch eine ausführliche Abwägung der (grundrechtlichen) Interessen. Und sie leitet unmittelbar und somit praktisch wirkungsvoll einen Gestattungsanspruch her, der die Rechte von Inhaftierten in puncto Tierhaltung stärkt.

Es bleibt dennoch abzuwarten, ob der Beschluss rechtskräftig wird. Denn dieses Verfahren hat, wie die Entscheidungsgründe verraten, eine Vorgeschichte. So war die Anstalt bereits 2021 von der Kammer verpflichtet worden, dem Antragsteller die Haltung eines Wellensittichs zu gestatten. Diesen Beschluss hatte das BayObLG (Az. 203 StObWS 84/21) jedoch auf die anstaltsseitige Beschwerde hin aufgehoben.

Die Kammer hat sich hiervon offensichtlich nicht entmutigen lassen und gelangt nunmehr über den Weg der Ermessensreduzierung auf null zum selben Ergebnis wie 2021. Wird die Entscheidung dieses Mal in der Beschwerdeinstanz überzeugen?

(https://www.juwiss.de/18-2022/)

Erst Wellensittich, jetzt E-Mail?
Neues vom LG Regensburg

Das Landgericht Regensburg, genauer gesagt die auswärtige Strafvollstreckungskammer, sorgt derzeit für Wirbel im bayerischen Vollzug.

Wie ein kleines gallisches Dorf, das Widerstand leistet, zeigt sich auch die Kammer eigensinnig und stärkt erneut die Rechte von Inhaftierten. Nachdem die Kammer kürzlich einem Sicherungsverwahrten die Haltung eines Wellensittichs gestattete (Beschl. v. 15.2.2022, SR StVK 654/19), nimmt sie sich aktuell einen ablehnenden Anstaltsbescheid vor, bei dem es um die Einrichtung und Nutzung einer E-Mail-Adresse geht.

Zwar kommt der Beschluss (Beschl. v. 5.4.2022, SR StVK 136/22) zunächst unscheinbar daher. Wenn man sich aber bewusst macht, dass Bayern nach wie vor zu den Bundesländern gehört, die einen Internetzugang für Gefangene strikt ablehnen, dann liegt die besondere Bedeutung dieser Entscheidung auf der Hand.

E-Mail im Vollzug – Die Zeit ist reif!

Ein besonderes Kennzeichen der Entscheidung – um nicht zu sagen ein Faszinosum – ist die erfrischend progressive Haltung der Kammer, wie sie nicht nur im Ergebnis (die Kammer hebt den Bescheid auf), sondern auch bei dessen Herleitung zum Ausdruck kommt:

1. Die Kammer hält es für „sachfremd“, wenn von Anstaltsseite damit argumentiert wird, *„dass die Beschäftigung mit der E-Mail-Nutzung beim Antragsteller derzeit quasi im Hinblick auf die fehlende Entlassungsperspektive verfrüht sei"* (Rn. 45). Denn – und hier kann man nur beipflichten – *„ein frühzeitiges Erlernen des Umgangs mit modernen Kommunikationsmitteln* [ist] *sinnvoll und kann ggf. auch ein Motivationsschub sein, aktiv an den erforderlichen Behandlungsmaßnahmen für eine Entlassung mitzuwirken"* (Rn. 45).

Ergänzend weist die Kammer darauf hin, dass E-Mail-Verkehr in der Außenwelt längst zum Alltag gehört und deshalb unverzichtbar ist, um in der Gesellschaft, also dort, wohin Gefangene dem Ziel des Strafvollzugs entsprechend zurückkehren sollen, *„„up to date'"* zu bleiben respektive sich zu recht zu finden.

2. Die Kammer macht deutlich, dass dem Begehren des Gefangenen auf Nutzung einer E-Mail-Adresse nicht bereits der Umstand entgegensteht, dass es an einer spezialgesetzlichen Regelung im Bayerischen Strafvollzugsgesetz fehlt (Rn. 29ff). Dem ist zuzustimmen. Zugleich tritt die Kammer mit dieser Sichtweise einer im Schrifttum vertretenen Auffassung entgegen, wonach E-Mail-Nutzung im Vollzug grundsätzlich nicht in Betracht kommen soll (siehe nur BeckOK Strafvollzug BW/Dorsch, 16. Ed. 31.3.2022, JVollzGB III § 27 Rn. 5: „Nicht anwendbar ist die Regelung auf E-Mail- oder sonstigen Internetverkehr; beides kommt aus Sicherheitsgründen grds. nicht in Betracht").

3. Die Kammer hebt hervor, dass die Nutzung von E-Mail-Adressen eine eigene grundrechtliche Relevanz hat. Anknüpfungspunkt ist nach ihrer

Auffassung Art. 5 Abs. 1 GG, wobei neben der Informationsfreiheit beim sog. Mailen vor allem die Meinungsfreiheit tangiert sei (Rn. 43).

Dem lässt sich noch hinzufügen, dass – ungeachtet der Art der Internetnutzung im Einzelnen – stets auch an Art. 6 Abs. 1 GG, sofern es um den Kontakt zu Familienangehörigen geht, und an das verfassungsrechtliche Resozialisierungsgebot (Art. 2 Abs. 1 i.V.m. Art. 1 Abs. 1 GG) zu denken ist.

Fortschritt durch Corona?

Die Entscheidung liefert darüber hinaus spannende Innenansichten. Denn auch in Bayern dürfen Gefangene bereits das Internet nutzen. Wie der Entscheidung zu entnehmen ist, besteht für die Gefangenen seit Pandemiebeginn die Möglichkeit zu skypen, also Internetvideotelefonie zu nutzen.

Man erfährt zudem: *„Auf den Skype-PCs sei zwar ein Internetzugang vorhanden. Allerdings würden während des Skype-Vorgangs diese PCs für die Gefangenen lediglich ohne Tastatur und Maus zur Verfügung stehen"* (Rn. 14).

Damit zeigt sich einerseits, dass die Corona-Pandemie für unfreiwilligen Fortschritt im Vollzug gesorgt hat, andererseits wird deutlich, dass auch die bayerische Justizverwaltung erkannt hat, dass sich das Internet nicht gänzlich aus dem Vollzug ausschließen lässt.

Spannend bleibt, ob den Gefangenen die Möglichkeit des Skypens auch künftig, also bei einer weiteren Entspannung der Corona-Lage erhalten bleiben wird. Zudem müssten diese tatsächlichen Entwicklungen dem bayerischen

Gesetzgeber Anlass genug sein, endlich eine eigene Internetvorschrift einzuführen.

(https://www.strafakte.de/strafvollzug/wellensittich-mail-regensburg/)

Der Streit um den Jura-Bachelor: Worum geht es wirklich? – ein Kommentar

Aktuell ist wieder eine hitzige Debatte um die juristische Ausbildung entbrannt. Auslöser hierfür sind die Vorschläge der künftigen Regierungsparteien in Nordrhein-Westfalen und Schleswig-Holstein. Sie planen die Einführung eines integrierten Bachelors. Studentinnen und Studenten könnten damit auf dem Weg zum Examen einen LL.B.-Titel als Zwischenabschluss erwerben.

Die Vor- und Nachteile dieser Integrationslösung sind bereits vielfach beleuchtet worden: Während Befürworterinnen und Befürworter insbesondere auf den psychologischen Effekt hinweisen, wonach die Bachelor-Lösung den Examensdruck mindern und Prüfungsängsten verbeugen könne, hat Frau Prof.in Chiusi durch die Bezeichnung „Loser-Bachelor" all denjenigen Gegnerinnen und Gegnern das Wort geredet, die einen Qualitätsverlust des Jurastudiums befürchten.

Außenstehende werden es nur schwer nachempfinden können, aber die Einführung des integrierten Jura-Bachelors bewegt Jurastudentinnen und Jurastudenten derzeit wie kaum ein anderes Thema. Es wird erbittert gestritten. Die Fronten scheinen verhärtet.

Dabei erinnert der Streit um den Jura-Bachelor bisweilen an Neiddebatten, wie wir sie bereits aus anderen Bereichen kennen, etwa von den Regelungen zum Home-Office oder von der Diskussion über Steuersätze.

Das hat Gründe, die wir nicht zuletzt in uns selbst suchen müssen. Denn wer sich durchs Examen quälen musste, vielleicht sogar im ersten Anlauf gescheitert ist, auf den oder die wirkt ein solcher Vorschlag zunächst einmal ungeheuerlich.

Doch anstatt den Vorstoß aus der Politik zu nutzen und für Fortschritt oder – wie es in der Wirtschaft gerne heißt – einen kontinuierlichen Verbesserungsprozess zu streiten, stehen nicht wenige Altgediente der Veränderung sehr kritisch gegenüber. Das geht so weit, dass Gedanken wie „Wir mussten da auch durch" oder „Nur so wird man in der juristischen Arbeitswelt bestehen können" zum eigentlichen Leitmotiv in der Argumentation werden.

Davor möchte ich warnen. Zumal niemandem durch die Einführung des integrierten Jura-Bachelors etwas weggenommen wird. Im Gegenteil: Es geht um Wertschätzung und um die Zukunft der juristischen Ausbildung. Wer sich dabei ausschließlich um seine eigenen Vorteile sorgt, sollte das offen kundtun. Alles andere ist unehrlich.

(https://jurios.de/2022/07/09/der-streit-um-den-jura-bachelor-worum-geht-es-wirklich-ein-kommentar/)

Von Katzen und dem Zugang zur Justiz

Zugegeben, die großen Rechtsfälle sind andere. Dennoch hat das Amtsgericht Ahrensburg (Urt. v. 15.6.2022, Az. 49b C 505/21, BeckRS 2022, 13517) eine für das nachbarschaftliche Zusammenleben wichtige und richtige Entscheidung getroffen. Sie gibt zugleich Anlass, sich über den Zugang zur Justiz Gedanken zu machen.

Gegenstand der Entscheidung war eine Unterlassungsklage *„wegen behaupteter Beeinträchtigungen durch Katzen"* (Rn. 1). Bei den Katzen, um die es im Rechtsstreit ging, handelt es sich um sogenannte Freigängerkatzen, die in der Nachbarschaft umherwanderten und dabei immer wieder auch das Grundstück und das Haus der Klägerin betraten. Daran störte sich die Klägerin. Einzelne Vorfälle hielt sie in einem *„Störprotokoll"* fest.

Im Urteil werden ihre Behauptungen wie folgt wiedergegeben:

„Dabei hinterließen die Katzen der Beklagten auf dem Grundstück Verschmutzungen wie Haare und Kot und beschädigten u.a. das Fahrzeug der Klägerin und eine Schutzhülle von Gartenmöbeln. Am 15.02.2021 habe eine Katze der Beklagten einen Vogelkasten der Klägerin zerstört. Im Haus setzten sich die Katzen auf frisch gewaschene Wäsche und machten sich an Speisen in der Küche zu schaffen" (Rn. 3). So weit dazu.

Rechtlich betrachtet ging es um einen Anspruch auf Unterlassung. Das AG Ahrensburg hat das Vorliegen eines solchen Anspruchs verneint und damit die Klage als unbegründet zurückgewiesen.

Die Kernfrage der Entscheidung war, ob eine Duldungspflicht der Klägerin besteht. Eine solche Pflicht des Grundstückseigentümers oder -besitzers, Beeinträchtigungen des Eigentums beziehungsweise Besitzes (hier: durch Katzen) zu dulden, folgt aus dem nachbarrechtlichen Gemeinschafts-verhältnis, dessen Anknüpfungspunkt im Gesetz § 242 BGB ist.

Danach seien, so das Gericht, das *„Hinterlassen von Katzenkot"* sowie *„das kurze Eindringen"* der fremden Katzen *„ins Haus"* vom Grundstückseigentümer grundsätzlich hinzunehmen (Rn. 13). Es stellt aber auch klar, dass ebendiese Duldungspflicht nicht *„grenzenlos"* gilt (Rn. 14).

Auf die Katz gekommen?

Das bedeutet: Der oder die Betroffene muss als Nachbar oder Nachbarin nicht jede Beeinträchtigung akzeptieren. Es bedürfe vielmehr einer Interessenabwägung. Dabei seien die konkreten Beeinträchtigungen in den Blick zu nehmen und zu bewerten. Insofern gelangt das AG Ahrensburg zu dem Ergebnis, dass keine Beeinträchtigungen vorliegen, *„die über das dargestellte grundsätzlich zu duldende Maß hinausgehen"* (Rn. 18). Es verweist insbesondere darauf, dass die Klägerin nicht nur die Terrassentür offen, sondern auch Speisen unbeobachtet herumstehen gelassen habe. Zudem sei die Klägerin, was die behaupteten Verschmutzungen mit Kot angeht, beweisfällig geblieben (Rn. 17).

Das AG Ahrensburg hat einen Streit entschieden, der seiner Grundkonstellation nach bundesweit zu den Klassikern am Amtsgericht gehören dürfte: einen Nachbarschaftsstreit. Und so ist es gerade die Typizität des Falles, die Anlass gibt, über den Zugang der Menschen zur Justiz nachzudenken. Denn egal, auf welcher Seite man steht und ob man anwaltlich vertreten ist oder nicht, nachbarschaftliche Streitigkeiten bilden für viele Menschen die erste Gelegenheit, Kontakt und damit Zugang zur Justiz zu suchen.

Es geht um den ersten Eindruck – von der Justiz. Dabei ist bereits mit Blick auf Art. 47 GRCh klar: Alles muss so sein, dass es den Bürgerinnen und Bürgern möglich ist, einen *„wirksamen Rechtsbehelf einzulegen"*, und dass *„ihre Sache von einem unabhängigen, unparteiischen und zuvor durch Gesetz errichteten Gericht in einem fairen Verfahren, öffentlich und innerhalb angemessener Frist verhandelt"* werden kann.

Aber trotz (oder besser: neben) diesen offensichtlichen Voraussetzungen sollte auch auf unsichtbare Hürden geachtet werden. Solche Hürden können insbesondere Verständnisprobleme sein. Gemeint ist damit nicht nur, dass es auf eine mit Blick auf den Empfängerhorizont verständliche Sprache ankommt, sondern auch, dass sich Richterinnen und Richter im Umgang mit den Parteien und ihren Interessen verständnisvoll zeigen.

Kurzum: Die Menschen sollen die Justiz verstehen können. Auch in dieser Hinsicht ist die Entscheidung des AG Ahrensburg ein gutes Beispiel. Denn das Urteil zeichnet sich durch eine gleichermaßen umfassende wie verständliche rechtliche Würdigung des Sachverhalts aus. Zugleich werden die Parteiinteressen praxisnah und sorgsam gegeneinander abgewogen. Das überzeugt!

(https://jurios.de/2022/07/11/von-katzen-und-dem-zugang-zur-justiz/)